Angelica Guckes

Biblische Bildergeschichten

Band 2

Der Auszug aus Ägypten – Abraham – Jona – Zachäus – Die Heilung des Gelähmten

Mit einer Einführung von Elvira Feil-Götz

calwer materialien

ISBN 3-7668-3769-9

Umschlaggestaltung: Karin Sauerbier, Stuttgart
Gesamtherstellung: Druckhaus Beltz, Hemsbach

Aufteilung und Benennung der Bilder

Der Auszug aus Ägypten
Bildergeschichte sortiert
Bildergeschichte gemischt
Bild 1: Die Israeliten müssen Zwangsarbeit leisten
Bild 2: Mose am brennenden Dornbusch
Bild 3: Die Ägypter jagen den Israeliten nach
Bild 4: Moses streckt seinen Stock über das Meer aus, und es teilt sich
Bild 5: Die Israeliten sind gerettet
Bild 6: Der Siegesreigen der Frauen

Abraham
Bildergeschichte sortiert
Bildergeschichte gemischt
Bild 1: Abraham verlässt seine Heimat
Bild 2: Gott erscheint ihm und Abraham baut in Sichem einen Altar für Gott
Bild 3: Gottes Verheißung: So unzählbar wie die Sterne werden Abrahams Nachkommen sein
Bild 4: Abraham und Lot trennen sich
Bild 5: Drei Fremden überbringen Abraham die frohe Kunde, dass seine Frau ein Kind gebären wird
Bild 6: Abraham und Sara mit ihrem Sohn

Jona
Bildergeschichte sortiert
Bildergeschichte gemischt
Bild 1: Jona flieht vor seinem Auftrag
Bild 2: Die Seeleute werfen ihn schweren Herzens über Bord
Bild 3: Er wird von einem Fisch verschluckt
Bild 4: Der Fisch spuckt ihn am Ufer wieder aus
Bild 5: Er verkündet in Ninive Gottes Botschaft
Bild 6: Der zornige Jona unter dem verdorrten Rizinusbaum

Zachäus
Bildergeschichte sortiert
Bildergeschichte gemischt
Bild 1: Zachäus als oberster Zolleinnehmer
Bild 2: Jesus zieht durch Jericho
Bild 3: Der kleine Zachäus rennt der Menschenmenge voraus
Bild 4: Er klettert auf einen Baum und wird von Jesus gerufen
Bild 5: Zachäus nimmt Jesus bei sich auf
Bild 6: Zachäus will seinen Besitz in Zukunft teilen

Die Heilung des Gelähmten
Bildergeschichte sortiert
Bildergeschichte gemischt
Bild 1: Menschen strömen zum Haus, in dem sich Jesus befindet
Bild 2: Sie bringen den Gelähmten auf das Dach des Hauses
Bild 3: Er wird durch das Dach zu Jesus hinuntergelassen
Bild 4: Die Gesetzeslehrer sind empört über Jesu Worte
Bild 5: Jesus heilt den Gelähmten
Bild 6: Er nimmt seine Matte und geht glücklich davon

I. Einführung

Im vorliegenden Arbeitsheft finden Sie die biblischen Geschichten vom Auszug aus Ägypten, Abraham, Jona, Zachäus und der Heilung des Gelähmten illustriert. Die Bilder liegen jeweils als Einzelbilder im Format DIN A4 vor. Eine inhaltlich sortierte bzw. unsortierte Gesamtdarstellung auf einen Blick wird auf jeweils einer DIN A4-Seite geboten. Im Folgenden werden Ihnen einige methodische Vorschläge zum Einsatz der Bilder vorgestellt.
Sie eröffnen einen Zugang zur biblischen Geschichte, der über das Hören der Erzählung hinaus eine vertiefende Erschließung ermöglicht.

II. Methoden, die das Gespräch fördern

1. Bildbetrachtung

Die nachfolgenden Fragestellungen dienen dazu, eine gründliche Erschließung und Wahrnehmung von Bildern zu erzielen und mit der Verlangsamung des Sehens unseren heutigen raschen Sehgewohnheiten (z. B. Fernsehen) entgegen zu wirken.

- Wie hat die Zeichnerin das Bild gestaltet, was hat sie dargestellt, was wurde weggelassen, was hat sie hinzugefügt?
- Wie sind Personen, Kleidung, Landschaft, Gestik und Mimik gestaltet?
- Was steht im Zentrum des Bildes, was ist ergänzend?
- Wo im Bild würde ich gerne vorkommen, wo nicht?
- Was könnten die Personen sagen, denken, fühlen?
- Welchen Titel könnte man dem Bild geben?
- Wie könnte die Geschichte weitergehen?
- Entspricht die Darstellung meinen Vorstellungen? Was würde ich anders machen?
- Welche Farben passen zu dem Bild?

2. Bilder in die richtige Reihenfolge bringen

- Die jeweiligen Geschichten liegen als DIN A4-Vorlagen unsortiert vor. Gemeinsam mit den Schülerinnen und Schülern können die Bilder in Gruppenarbeit (GA) mit dem Overheadprojektor (OHP) bzw. an der Tafel in die richtige Reihenfolge gebracht werden. Diese Variante eignet sich besonders gut zur Wiederholung der Geschichten.
- Möglich ist auch die Einzelarbeit (EA) mit einem Arbeitsblatt (Kopie der Vorlage).
- Die Einzelbilder liegen während der Erzählung aus oder werden vorher an Schülerinnen und Schüler verteilt. Das jeweils passende Bild wird im Verlauf der Erzählung gezeigt und an der Tafel sortiert bzw. von den Schülerinnen und Schülern abgelegt.

3. Bilder mit Sprechblasen versehen

Einzelnen Figuren werden Sprechblasen hinzugefügt, in die die Schülerinnen und Schüler zentrale Aussagen der Geschichte schreiben können. Die Inhalte können entweder bereits in einer Erzählung vorgestellt worden sein oder die Schülerinnen und Schüler stellen Vermutungen an, welche Aussagen die Personen machen würden.

4. Ergänzende Medien

Der Vergleich mit Bildern aus dem Bereich der Kunst – was wird dort gezeigt, wie wird es dargestellt, was wurde weggelassen?

5. *Erfahrungsbezogene Zugänge*

Schülerinnen und Schüler wählen ein Bild unter folgenden Kriterien aus: Welches Bild gefällt mir am besten? Welches Bild stellt eine Situation dar, die man selbst gerne erleben würde bzw. die man nicht erleben möchte?

Ergänzende bzw. konträre Abbildungen aus Bildkarteien / Zeitschriften suchen und zuordnen (weitere an den Schülerinnen und Schülern orientierte Fragestellungen siehe unter Punkt 1.).

III. Gestalterische Methoden

1. *Ausmalen*

Schülerinnen und Schüler erhalten einzelne Bilder oder die vollständige Bilderfolge und malen sie in EA oder GA aus. Soll die Arbeit in GA erfolgen, erweist sich eine vorherige Absprache bezüglich der Auswahl der Farben für einzelne Figuren als sinnvoll.

2. *Einsatz von Farben*

Die Ausdruckskraft der Bildvorlagen kann durch einen gezielten Einsatz von Farben zum Ausmalen deutlich gesteigert werden. Besonders die Bilder mit Wasser- und Wüstenelementen eignen sich dafür.

Beispielsweise beim Auszug aus Ägypten, Bild 4 und Jona, Bild 2 und 3 können die Schülerinnen und Schüler ermutigt werden, die Wellen in verschiedenen Blau-, Grün- und Violetttönen anzumalen.

Die Wüstenbilder beim Auszug aus Ägypten (Bild 3, 5) und Abraham (Bild 1, 3) werden in verschiedenen Gelb- und Brauntönen angemalt und mit zurückhaltendem Einsatz von Wasser im Sinne der Aquarelltechnik verändert.

Das Bild von Moses Berufung am brennenden Dornbusch (Auszug aus Ägypten, Bild 2) eignet sich besonders gut für den Einsatz von Zauberkreide. Dafür werden einfache, farbige Tafelkreiden (gelb, rot, orange) in einer Zuckerwasserlösung eingelegt und in nassem Zustand auf die Vorlage aufgetragen. Mit dem Trocknen der Kreide erzielt die Farbe eine starke Leuchtkraft. Eventuell ist eine Fixierung der Farbe mit Haarspray sinnvoll. Die Zauberkreide kann entweder zum Ausmalen der Flammen in der Vorlage verwendet werden, oder die Schülerinnen und Schüler erhalten die Bildvorlage ohne den brennenden Dornbusch und malen diesen frei mit der Kreide. Als Untergrund empfiehlt sich in diesem Fall schwarzes Tonpapier.

3. *Puzzle*

Einzelne Bilder werden als Puzzle zerschnitten, die Schülerinnen und Schüler fügen das Gesamtbild zusammen.

4. *Gestaltung von Arbeitsblättern*

Die vorliegenden Bilder eignen sich auch als Ergänzung / Erweiterung von Arbeitsblättern, die mit Texten, Kreuzworträtseln, Lückentexten gestaltet werden.

5. *Spielerische Zugänge*

- Schülerinnen und Schüler erhalten ein Bild als Vorlage. Mit Egli-Figuren (Pfeifenputzern o. ä.) werden Szenen gestaltet oder als Standbilder nachgestellt.
- Schülerinnen und Schüler erhalten für die Gruppe ein Einzelbild. Sie spielen sich die Szenen (nach Einübung) gegenseitig vor; für geübte Gruppen kann man auch ein Bild zeigen und die Gruppen spontan spielen lassen.

6. Erstellen eines Buches

Die jeweiligen Bilder dienen als Illustration eines Buchs; die Texte werden ergänzt (durch die Schülerinnen und Schüler oder durch die Lehrerin bzw. den Lehrer).

7. Bildausschnitte ergänzen

Schülerinnen und Schüler erhalten nur einen Teil des Bildes (wahlweise können Zentralfiguren bleiben bzw. fehlen) und ergänzen den Rest des Bildes selbstständig.

8. Leporello

Die Einzelbilder werden mit Klebeflächen ergänzt und in der richtigen Reihenfolge von hinten zusammengeklebt und angemalt.

Die Größe ist sehr vielfältig gestaltbar, vom Format DIN A3 (Bilder entsprechend vergrößern, auf festes Papier kopieren oder mit Karton hinterkleben) bis zur Verkleinerung im Streichholzschachtelformat (dazu ziehharmonikaartig falten und an einer Seite in eine Streichholzschachtel / Filmrolle kleben).

9. Rollenbild

Die einzelnen Blätter (DIN A4) werden in der richtigen Reihenfolge mit Klebestreifen von hinten aneinander geklebt und angemalt. An beiden Enden werden Holzstäbe befestigt, deren Länge ein bequemes Festhalten ermöglicht. Der Bildstreifen kann nun wie eine Schriftrolle von einer zur anderen Seite aufgerollt und betrachtet werden.

Ergänzt werden kann die Methode durch einen Schuhkarton, der seitlich jeweils mit einem Schlitz versehen wird. In diese Schlitze können Bildstreifen eingefügt werden. Die Geschichte kann im Sinne einer Film- bzw. Fernsehvorführung angeschaut (und evtl. durch Schülerinnen und Schüler kommentiert) werden.

10. Würfel

Ein quadratischer Karton wird mit den Einzelbildern beklebt. Schülerinnen und Schüler »würfeln« und erzählen die Geschichte zum jeweils oben liegenden Bild.

Die Bilder können auch auf etwas festeres Papier kopiert werden, sodass eine Grundform für einen Würfel entsteht. Die Schülerinnen und Schüler kleben den Würfel zusammen und können sich selbst nochmals mit der Geschichte beschäftigen; sie können sie auch dem jeweiligen Nachbarn erzählen.

Als weitere Möglichkeit können die Bilder auch auf die in den Schulen vorhandenen Schaumstoffwürfel aus dem Mathematikunterricht geheftet werden.

Der Auszug aus Ägypten (Bildergeschichte sortiert) © Calwer Verlag, Stuttgart

Der Auszug aus Ägypten (Bildergeschichte gemischt) © Calwer Verlag, Stuttgart

Der Auszug aus Ägypten © Calwer Verlag, Stuttgart

Der Auszug aus Ägypten © Calwer Verlag, Stuttgart

Der Auszug aus Ägypten © Calwer Verlag, Stuttgart

Abraham (Bildergeschichte gemischt) © Calwer Verlag, Stuttgart

Abraham © Calwer Verlag, Stuttgart

Abraham © Calwer Verlag, Stuttgart

Abraham © Calwer Verlag, Stuttgart

Jona (Bildergeschichte sortiert) © Calwer Verlag, Stuttgart

Jona (Bildergeschichte gemischt) © Calwer Verlag, Stuttgart

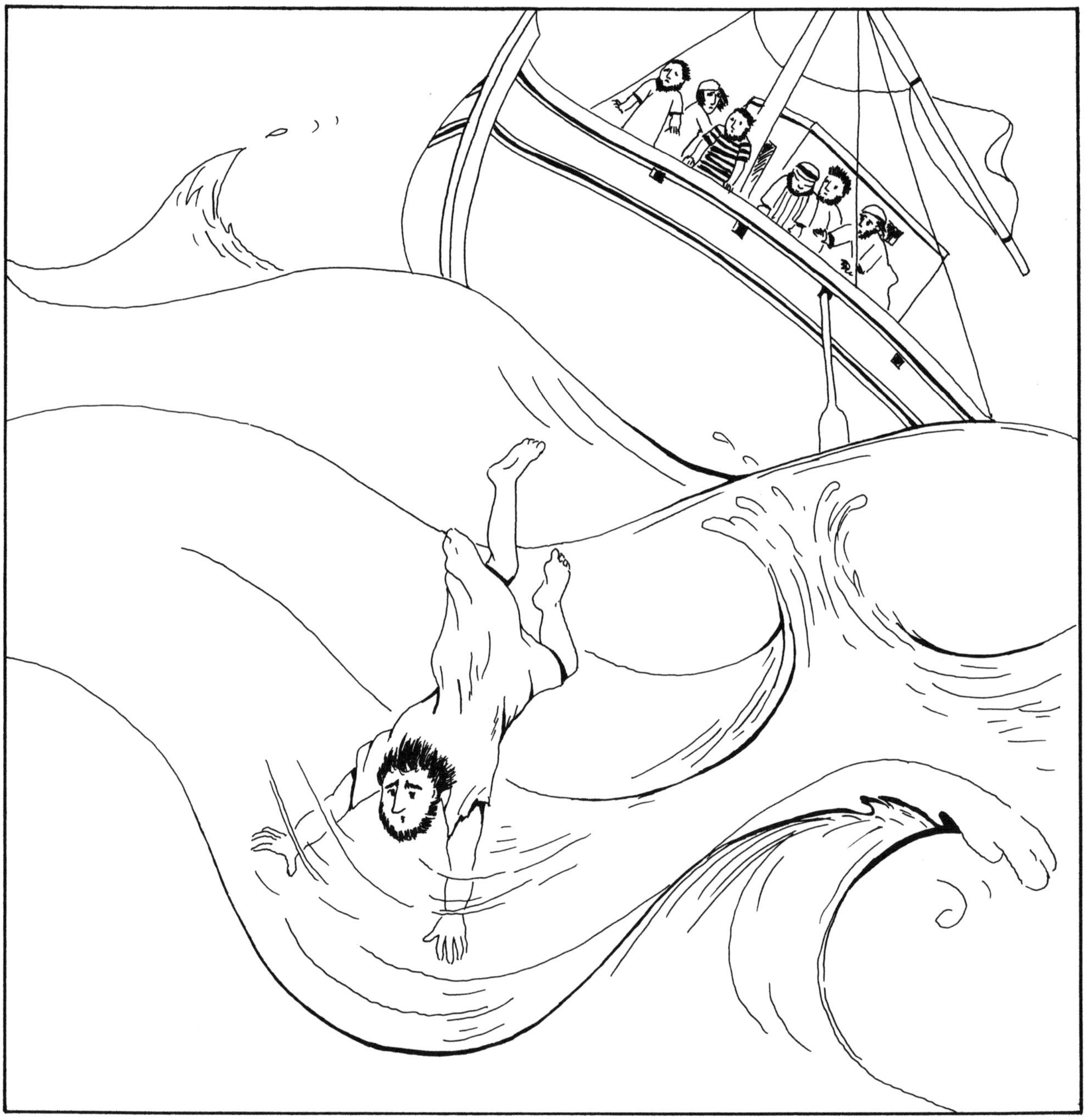

Zachäus

Zachäus © Calwer Verlag, Stuttgart

Die Heilung des Gelähmten (Bildergeschichte sortiert)

Die Heilung des Gelähmten (Bildergeschichte gemischt)

Die Heilung des Gelähmten © Calwer Verlag, Stuttgart

Die Heilung des Gelähmten

Die Heilung des Gelähmten

Die Heilung des Gelähmten

Die Heilung des Gelähmten

Die Heilung des Gelähmten

Biblische Bildergeschichten

Angelica Guckes
Biblische Bildergeschichten
Band 1
40 Mal- und Kopiervorlagen
48 Seiten
Format: DIN A4
ISBN 3–7668–3715–X

Im ersten Band der »Biblischen Bildergeschichten« setzt Angelica Guckes folgende Geschichten einfühlsam und sachlich in kindgemäße Bilder um:

☐ Der verlorene Sohn
☐ Bartimäus
☐ Josef
☐ Rut
☐ Jesu Geburt

Ebenfalls mit einer didaktischen Einführung von Elvira Feil-Götz.

Jesu Geburt © Calwer Verlag, Stuttgart

Josef © Calwer Verlag, Stuttgart

Der verlorene Sohn © Calwer Verlag, Stuttgart

Malvorlagen in der Reihe »calwer materialien«

Angelica Guckes
Malvorlagen Religion
Grundschule 1./2. Schuljahr
44 Mal- und Kopiervorlagen
Format: DIN A4
ISBN 3–7668–3582–3

Angelica Guckes
Malvorlagen Religion
Grundschule 3./4. Schuljahr
43 Mal- und Kopiervorlagen
Format: DIN A4
ISBN 3–7668–3680–3

Die Malvorlagen beider Hefte orientieren sich an den Lehrplanthemen der Grundschule. Sie sind auch bestens für die Freiarbeit im Kindergottesdienst und in der Gemeindearbeit geeignet. Es handelt sich sowohl um Sachzeichnungen als auch um Bilder, die biblische Geschichten in Szene setzen. Das Heft Malvorlagen Religion, Grundschule 1./2. Schuljahr ist bereits in 2. Auflage erschienen.

Der Baum als Lebensbaum

Rebekka wird Isaaks Frau

Tiere

Eine-Welt-Laden